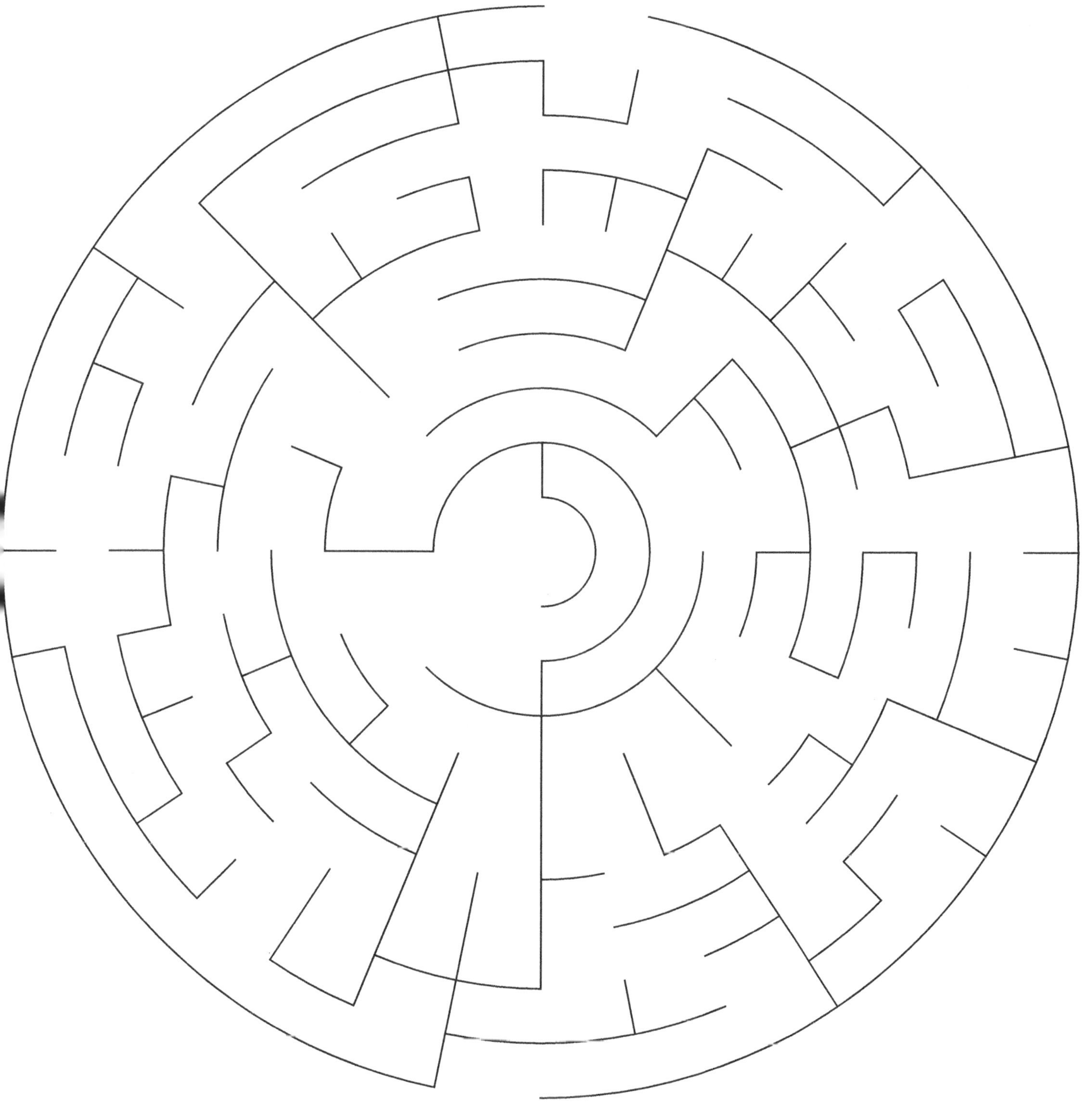

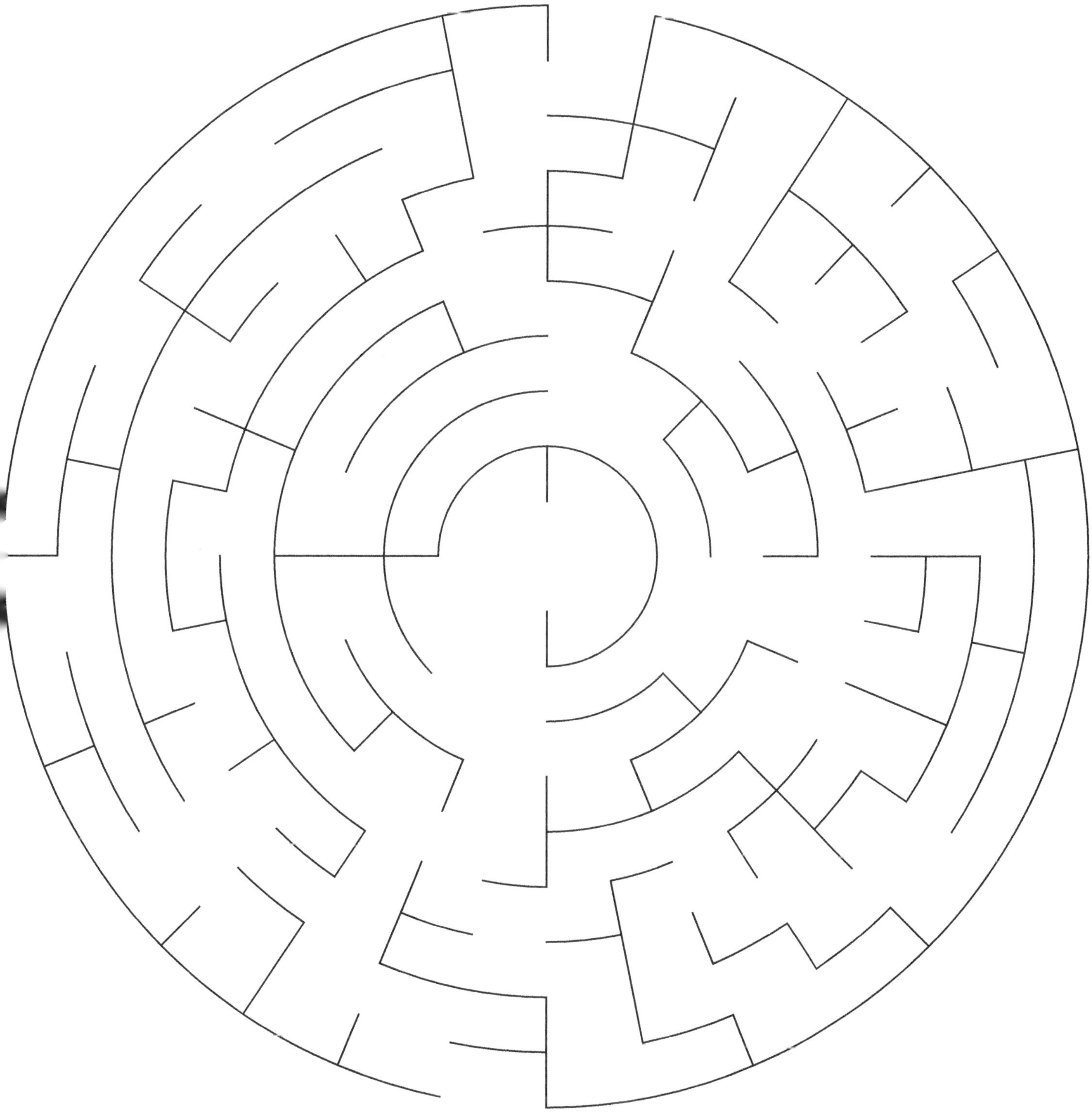

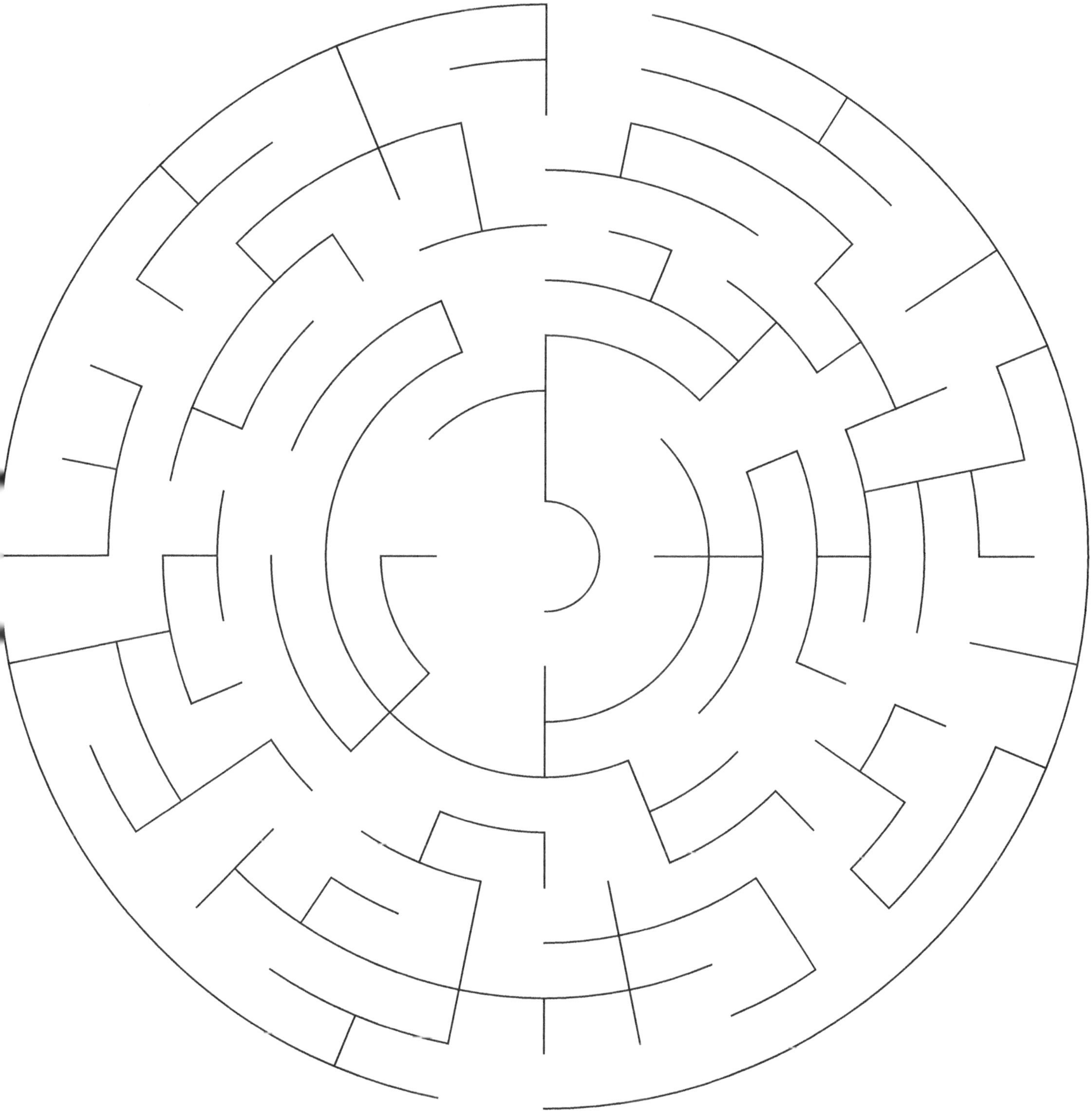

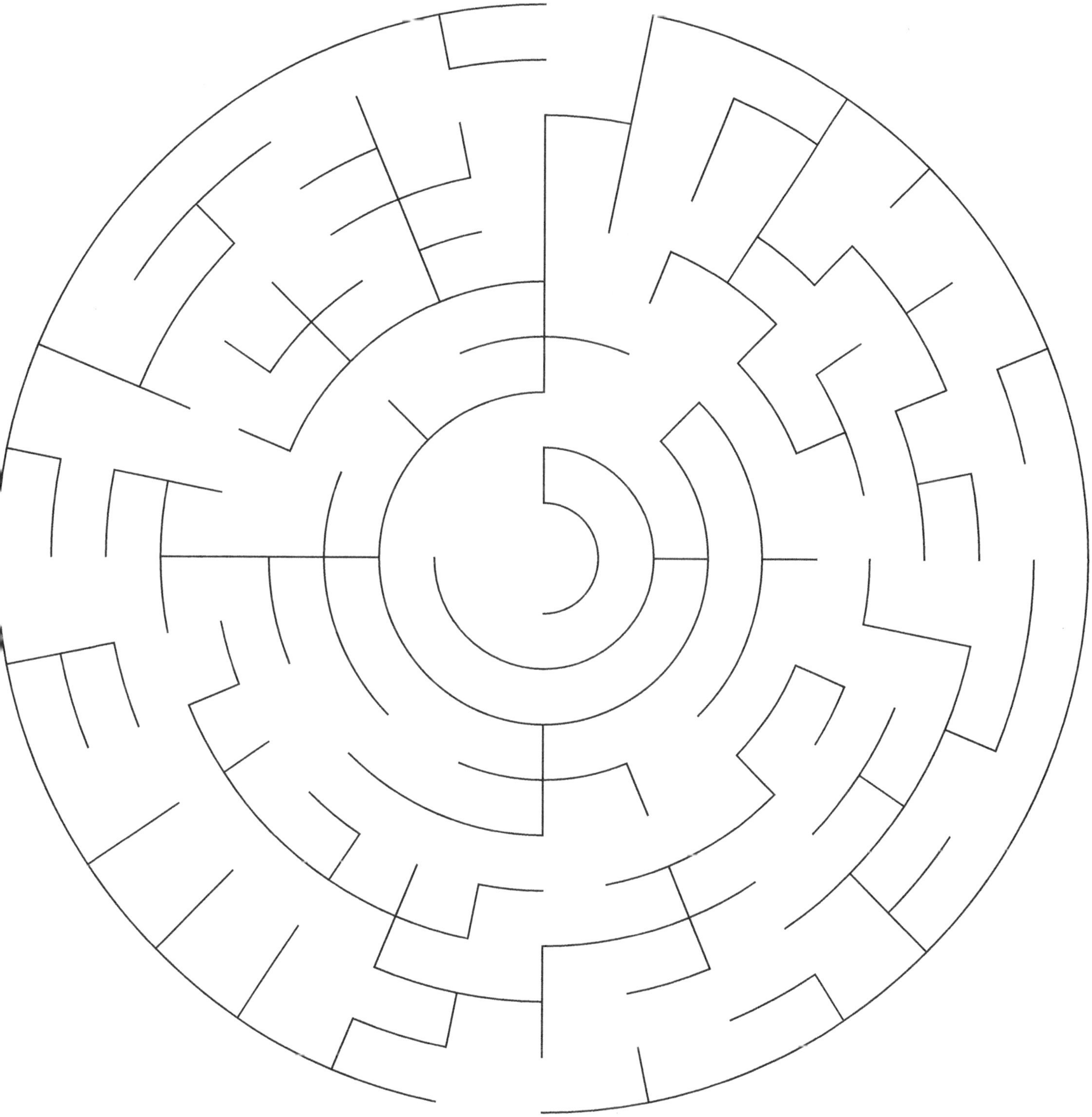

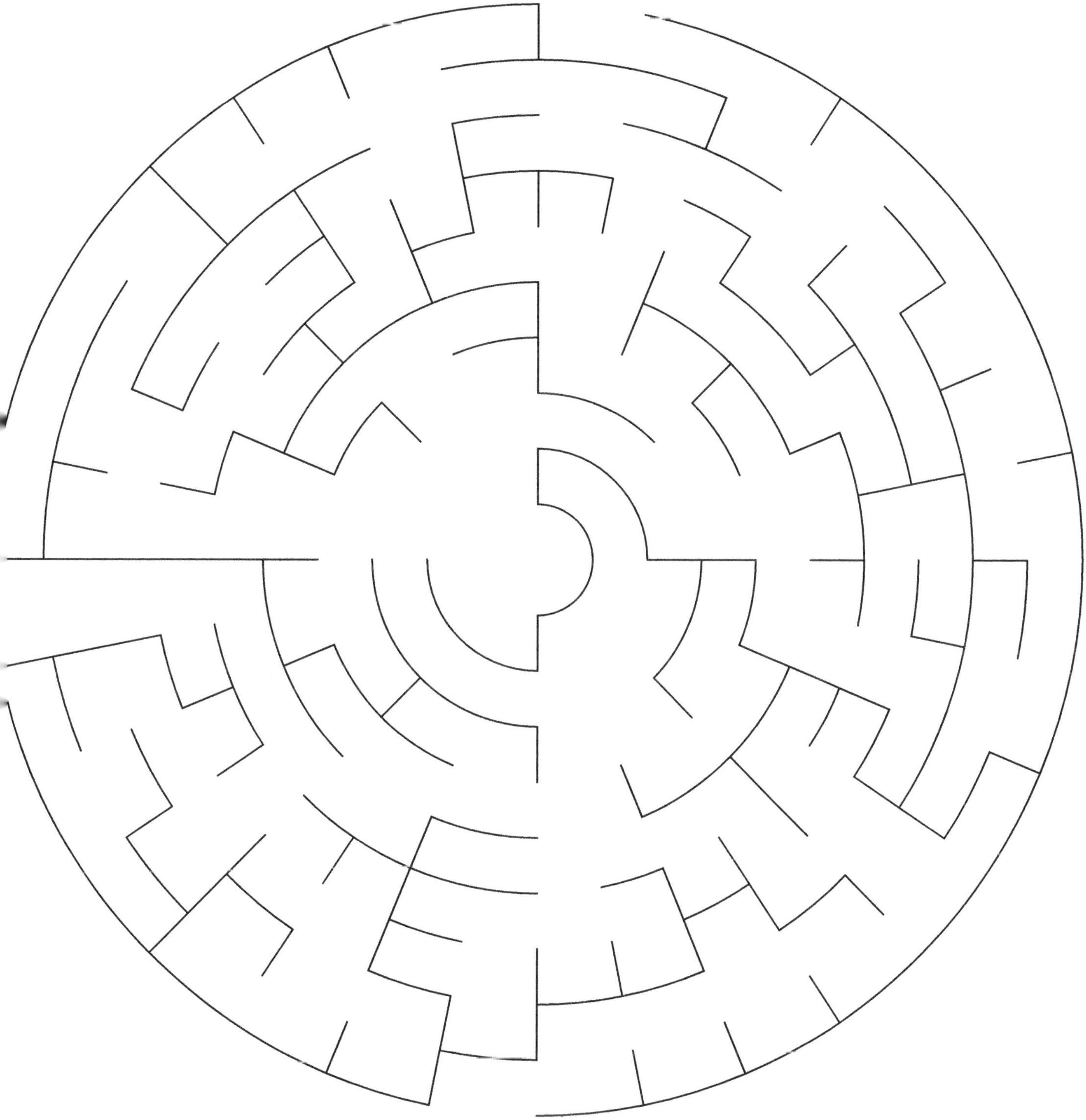

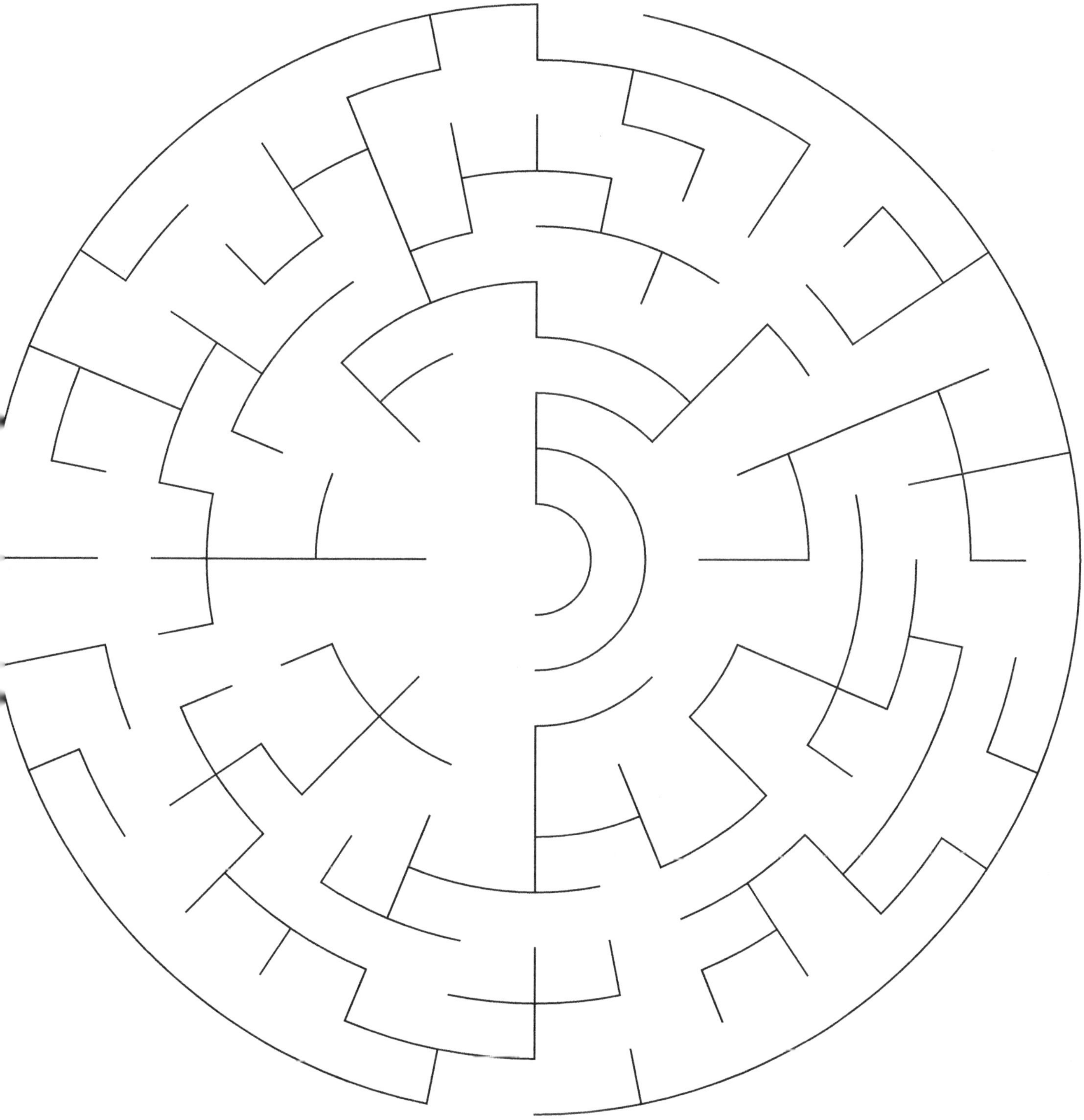

Made in the USA
Coppell, TX
22 September 2024

37572636R00050